BEI GRIN MACHT SICH IHR WISSEN BEZAHLT

- Wir veröffentlichen Ihre Hausarbeit,
  Bachelor- und Masterarbeit

- Ihr eigenes eBook und Buch -
  weltweit in allen wichtigen Shops

- Verdienen Sie an jedem Verkauf

Jetzt bei www.GRIN.com hochladen
und kostenlos publizieren

Johan Fröhberg

Verbraucherinsolvenz und Restschuldbefreiung

GRIN Verlag

Bibliografische Information der Deutschen Nationalbibliothek:

Die Deutsche Bibliothek verzeichnet diese Publikation in der Deutschen National-
bibliografie; detaillierte bibliografische Daten sind im Internet über http://dnb.d-
nb.de/ abrufbar.

Dieses Werk sowie alle darin enthaltenen einzelnen Beiträge und Abbildungen
sind urheberrechtlich geschützt. Jede Verwertung, die nicht ausdrücklich vom
Urheberrechtsschutz zugelassen ist, bedarf der vorherigen Zustimmung des Verla-
ges. Das gilt insbesondere für Vervielfältigungen, Bearbeitungen, Übersetzungen,
Mikroverfilmungen, Auswertungen durch Datenbanken und für die Einspeicherung
und Verarbeitung in elektronische Systeme. Alle Rechte, auch die des auszugsweisen
Nachdrucks, der fotomechanischen Wiedergabe (einschließlich Mikrokopie) sowie
der Auswertung durch Datenbanken oder ähnliche Einrichtungen, vorbehalten.

Impressum:

Copyright © 2005 GRIN Verlag GmbH
Druck und Bindung: Books on Demand GmbH, Norderstedt Germany
ISBN: 978-3-640-42415-3

Dieses Buch bei GRIN:

http://www.grin.com/de/e-book/134959/verbraucherinsolvenz-und-restschuldbefrei-
ung

GRIN - Your knowledge has value

Der GRIN Verlag publiziert seit 1998 wissenschaftliche Arbeiten von Studenten, Hochschullehrern und anderen Akademikern als eBook und gedrucktes Buch. Die Verlagswebsite www.grin.com ist die ideale Plattform zur Veröffentlichung von Hausarbeiten, Abschlussarbeiten, wissenschaftlichen Aufsätzen, Dissertationen und Fachbüchern.

Besuchen Sie uns im Internet:

http://www.grin.com/

http://www.facebook.com/grincom

http://www.twitter.com/grin_com

UNIVERSITÄT
ERFURT

Sommersemester 2005

Seminar: *Ausgewählte Regelungsprobleme des Insolvenzrechts*

Referent: *Johan Fröhberg*

Verbraucherinsol-

venz und Rest-

schuldbefreiung

-Referatsausarbeitung-

Inhaltsverzeichnis

I. *Einleitung*

In der folgenden Arbeit sollen die im Rahmen der Neuschaffung des Insolvenzrechts eingeführten Verfahrensarten der Verbraucherinsolvenz und der Restschuldbefreiung vorgestellt und besprochen werden.

Dabei geht es weniger um die Verfahrensdurchführungen, da diese eher technischen Bestimmungen im Gesetz an den einschlägigen Stellen nachlesbar sind, sondern vor allem um die grundlegenden Überlegungen des Gesetzgebers und die praktischen Auswirkungen. Die vorgestellten Aspekte der Verbraucherinsolvenz und der Restschuldbefreiung, die selbstverständlich nur Fokussierungen auf kleine Teilbereiche darstellen können, werden daher immer wieder flankiert durch die rechtspolitischen Überlegungen, auf denen die jeweiligen Normen basieren. Schließlich werden auch teils die ursprünglichen Regelungen der Insolvenzordnung und die Änderungen durch das InsOÄndG nebeneinander gestellt.

Im ersten Teil der Arbeit soll es um die Grundlagen der Verbraucherinsolvenz gehen, während im zweiten Teil die Restschuldbefreiung im Mittelpunkt steht. Dabei wird die Restschuldbefreiung nicht ausdrücklich auf die Adressaten der Verbraucherinsolvenz beschränkt. Im anschließenden Abschnitt soll die praktische Bedeutung der verschiedenen Verfahrensarten vorgestellt werden, während im letzten Teil einige Vor- und Nachteile der Verfahrensarten fokussiert werden, jedoch kann auch hier nur ein kleiner Teilbereich des Gesamtkomplexes behandelt werden.

Zu den Grundsätzen des Zivilrechts gehört die Privatautonomie ebenso wie die unbeschränkte bürgerlichrechtliche Vermögenshaftung, etwa nach § 241 Absatz 1 Satz 1 BGB[1]. Die Möglichkeit der Haftungsbeschränkung galt bis zur Einführung der Insolvenzordnung hingegen nur für juristische Personen.

Jedoch erschien zunehmend eine Ausweitung auf natürliche Personen sinnvoll, um „unerwünschten sozial- und beschäftigungspolitischen Effekten aggressiver Kredit-

---

[1] Vgl. Fruhner 2002, S. 11

andienung und strukturellen Defiziten bei Selbstständigenquote und Risikobereit-schaft zu begegnen"[2]. Schließlich wurde nicht nur die zunehmende Verschuldung privater Haushalte zum Problem, sondern auch die wenig gründerfreundliche ge-setzliche Regelungsstruktur, die etwa die persönliche Haftung von Gesellschaftern einer OHG oder KG auf 30 Jahre erstreckte, auch wenn ein Konkursverfahren in der Zwischenzeit abgeschlossen worden war.

Die neu eingeführten Optionen der Verbraucherinsolvenz und der Restschuldbefrei-ung geben natürlichen Personen nun die Möglichkeit, durch ein vereinfachtes Ver-fahren nach einer Wohlverhaltensphase von sieben Jahren auch ohne Einverständnis der Gläubiger von den Schulden befreit zu werden und somit Vollstreckungsschutz zu erlangen. Sie geben dem Schuldner somit nicht nur Hoffnung, sondern auch „ein hohes Maß an Rechtssicherheit, bei entsprechendem klar vorgezeichneten und ab-prüfbaren Verhalten zum angestrebten Ziel der Restschuldbefreiung zu gelangen"[3].

II.   *Das Verbraucherinsolvenzverfahren*

2.1.   *Einige rechtspolitische Vorüberlegungen*

Im Rahmen einzelner Thematiken werden immer wieder rechtspolitische Aspekte eine Rolle spielen, dennoch sollen an dieser Stelle bereits einige grundlegende Über-legungen des Gesetzgebers angesprochen werden.

Die Überschuldung privater Haushalte stellte vor der Einführung der InsO ein Prob-lem dar, für das weder das Konkursrecht noch das allgemeine Zivilrecht des BGB eine Lösung bot. So war das Konkursverfahren nicht nur zu aufwändig für private Insolvenzen, es fehlte vor allem auch die Möglichkeit der Entschuldung (vgl. § 164 Absatz 1 KO)[4]. Der Gesetzgeber hat für die Verbraucherinsolvenz daher ein eigenes

---

[2] Fruhner 2002, S. 11
[3] Ders., S. 14
[4] Vgl. Preuß 2003, S. 26

Insolvenzverfahren geschaffen, schließlich ist die Regelinsolvenz ein *Vermögensver-wertungsverfahren*, in der Privatinsolvenz ist jedoch in der Regel nur wenig Vermögen zu verwerten[5], die neu gestalteten Vorschriften sollen dem Schuldner eher die Möglichkeit eines „wirtschaftlichen Neubeginns eröffnen"[6].

Zunächst wurden auch ehemalige Unternehmer und sog. Kleingewerbetreibende zum Verbraucherinsolvenzverfahren zugelassen (§ 304 InsO a.F.), dies stellte die Gerichte jedoch vor Probleme hinsichtlich der Beurteilung, ob jemand ein Kleingewerbetreibender sei oder nicht[7]. Aktive Unternehmer sind nun ungeachtet des Umfangs ihrer Tätigkeiten dem Regelinsolvenzverfahren unterworfen.

Durch die Hinzunahme der außergerichtlichen Einigung und weiterer Verfahrensvereinfachungen sollten auch die Gerichte entlastet werden[8].

2.2. *Grundsätzliches zur Verbraucherinsolvenz*

Der Sache nach ist dennoch auch die Verbraucherinsolvenz ein *Vermögensverwertungsverfahren* wie das Regelinsolvenzverfahren mit dem Nebenziel der *Sanierung des redlichen Schuldners* gemäß § 1 Absatz 1 Satz 2 InsO.

Verbraucherinsolvenz und Restschuldbefreiung knüpfen zunächst an die allgemeinen Vorschriften an (vgl. etwa § 26 InsO), die Frage war daher anfangs, ob der Schuldner eine genügende Masse einbringen muss, um Restschuldbefreiung erlangen zu können. Das InsOÄndG von 2001 beantwortet diese Frage durch die §§ 4a-4d InsO und gibt nun auch massearmen Schuldnern im Rahmen eines Insolvenzverfahrens eine Möglichkeit, dieser Aspekt wird jedoch noch einmal gesondert thematisiert.

Das gesamte Verfahren ist vereinfacht und räumt z.B. den Gläubigern erweiterte Kompetenzen ein (vgl. §§ 311-314 InsO). Eine weitere Besonderheit des Verfahrens

---

[5] Vgl. Bork 2002, S. 195
[6] Preuß 2003, S. 26
[7] Vgl. Preuß 2003, S. 31
[8] Vgl. Landfermann etc 2003, S. 1004

ist „die prozedurale Einbindung des Versuchs einer einvernehmlichen Regelung zur Schuldenbereinigung zwischen dem insolventen Schuldner und seinen Gläubigern"[9].

2.3. Berechtigte

§ 304 beschränkt das Verbraucherinsolvenzverfahren auf spezielle Gruppen. Nach § 304 Absatz 1 Satz 1 InsO ist der zugangsberechtigte Schuldner eine natürliche Person, die keine selbstständige wirtschaftliche Tätigkeit ausübt oder ausgeübt hat.

§ 304 Absatz 1 Satz 2 InsO eröffnet jedoch auch solchen Schuldnern, die vor der Antragstellung wirtschaftlich tätig waren, die Möglichkeit der Verbraucherinsolvenz. Allerdings müssen dann die Vermögensverhältnisse überschaubar sein (vgl. § 304 Absatz 2 InsO, d.h. weniger als 20 Gläubiger zum Zeitpunkt des Antrags) und es dürfen keine Forderungen aus Arbeitsverhältnissen bestehen[10]. Dem § 304 Absatz 2 InsO fehlt nach Meinung Preuß' eine zusätzliche zeitliche Abgrenzung, denn theoretisch könne auch dem vor 20 Jahren selbstständig Tätigen, der mehr als 19 Gläubiger hat, das Verbraucherinsolvenzverfahren verweigert werden[11].

„Verbraucher" bedeutet nicht zwangsweise, dass die Verbindlichkeiten aus Verbraucherverträgen stammen müssen, da die Art der Vertragsverhältnisse unerheblich ist. Freiberufler oder Handwerker sind gemäß § 304 ausgeschlossen, nicht jedoch z.B. Gesellschafter, diese können das Verbraucherinsolvenzverfahren auch dann in An-

---

[9] Preuß 2003, S. 27
[10] Anm.: Dennoch können auch bei weniger als 20 Gläubigern die Vermögensverhältnisse unüberschaubar sein, wenn die Gläubiger bspw. „zahlreiche streitige Forderungen geltend machen oder komplexe Anfechtungssachverhalte zu berücksichtigen sind" (Preuß 2003, S. 34). „Forderungen aus Arbeitsverhältnissen" umfassen neben Forderungen von Arbeitnehmern auch eventuelle Forderungen öffentlicher Gläubiger (z.B. Sozialversicherungen oder Finanzämter, vgl. Preuß 2003, S. 35), wobei diese Meinung in der Rechtsprechung nicht unbedingt geteilt wird. So urteilten das LG Dresden und das LG Düsseldorf, dass Forderungen von Sozialversicherungsträgern oder Finanzämtern eben keine Forderungen aus Arbeitsverhältnissen seien (vgl. Sternal 2005, S. 130).
[11] Vgl. Preuß 2003, S. 34, Anm.: Auch wenn die jetzige Regelung des § 304 Absatz 2 InsO sicherlich nicht allen Umständen gerecht werden kann, so ist die Neuformulierung doch wesentlich deutlicher als die alte Fassung des § 304 Absatz 2 InsO, der sich am § 1 Absatz 2 2. Halbsatz HGB orientierte und Rechtsprechung wie Literatur vor erheblichere Definitionsprobleme stellte (vgl. hierzu etwa Fuchs 2001, S. 240 oder Nerlich/Römermann 1999, S. 2 f.).

spruch nehmen, wenn sie für Schulden der Gesellschaft in Anspruch genommen werden[12]. Allerdings unterliegt dies einer Einschränkung: „Befürwortet wird [...] verbreitet eine teleologische Reduktion des § 304 Absatz 1 Satz 1 InsO, wenn es sich bei dem Schuldner um den geschäftsführenden Allein- oder Mehrheitsgesellschafter (Beteiligung ab 50%) einer Kapitalgesellschaft handelt, da in diesem Falle die Tätigkeit der Gesellschaft dem Schuldner zugerechnet werden kann"[13]. Diese Meinung einer Zurechnungsüberprüfung teilen überwiegend die Gerichte[14].

Für angesprochenen Personen kommt ausschließlich die Verbraucherinsolvenz in Betracht, die allgemeinen Vorschriften tragen also nur, wenn die §§ 305 ff. InsO nichts anderes bestimmen[15].

2.4. *Verfahren*

2.4.1. *Durchführung*

Zu unterscheiden sind zwei verschiedene Verfahrensarten, die sich nach dem Antragsteller richten, d.h. ob der Antrag vom Gläubiger – welches in der Regel der Fall ist – oder vom Schuldner gestellt worden ist.

Hat ein Gläubiger den Eröffnungsantrag gestellt, so kommt zunächst § 306 Absatz 3 InsO zum Tragen. Fehlt der Insolvenzantrag des Schuldners weiterhin, so folgt ein stark vereinfachtes Verfahren nach §§ 311 ff. InsO. Hier geht es vor allem wieder um die Vermögensverwertung.

Bei einem Eröffnungsantrag des Schuldners nach § 305 InsO steht neben der Vermögensverwertung vor allem wieder die Entschuldung im Vordergrund.

Dem Verfahren geht ein außergerichtlicher Einigungsversuch voran. Scheitert dieser, sind der Plan und die Gründe des Scheiterns dem Insolvenzgericht nach § 305 Ab-

---

[12] Vgl. Preuß 2003, S. 32
[13] Preuß 2003, S. 33
[14] Vgl. Sternal 2005, S. 130
[15] Vgl. Bork 2002, S. 196

satz 1 Nr. 1 InsO vorzulegen. Es kann nun ein Insolvenzantrag erfolgen unter Berücksichtigung von § 305 Absatz 1 Nr. 2-4 InsO.

Es folgt ein gerichtliches Vermittlungsverfahren, während dessen die eigentliche Insolvenz gemäß § 306 InsO ruht – die Entscheidung über den Schuldenbereinigungsplan steht also zwischen dem Antrag und der Eröffnung des Insolvenzverfahrens. In dieser Zeit stellt das Insolvenzgericht den Gläubigern den Schuldenbereinigungsplan des Schuldners zu (vgl. § 305 Absatz 1 Nr. 4) und fordert nach § 307 Absatz 1 InsO zur Stellungnahme auf. Sind die Stellungnahmen eingegangen, so kann der Schuldner gemäß § 307 Absatz 3 InsO den Plan anpassen, über die letztliche Annahme entscheiden dann wieder die Gläubiger (§§ 308 f. InsO). Allerdings kann das Gericht nach § 306 Absatz 1 Satz 3 InsO auch dann die Fortführung des Verfahrens anordnen, wenn davon auszugehen ist, dass der Schuldenbereinigungsplan von den Gläubigern nicht angenommen wird. Vor der Einführung dieser Möglichkeit belasteten nicht angenommene Pläne die Gerichte zusätzlich und stellten zudem eine Barriere für den Schuldner auf dem Weg zum Verbraucherinsolvenzverfahren dar[16].

Insgesamt stellt das Verfahren über den Schuldenbereinigungsplan eine Mischform aus Prozessvergleich, Vertragshilfeverfahren und insolvenzrechtlichem Vergleichsverfahren dar, wobei dem Nutzen der Gerichtsentlastung teils erhebliche Verfahrensverzögerungen negativ gegenüberstehen[17].

Von diesem Verfahren zu unterscheiden ist das bereits angesprochene vereinfachte Insolvenzverfahren. Dieses greift bei einem Gläubigerantrag und fehlendem Schuldnerantrag oder falls die Gläubiger den Schuldenplan nicht akzeptieren (§ 311 InsO), hier steht wieder die Vermögensverwertung und –verteilung im Vordergrund.

Das Eröffnungsverfahren wird dann erneut aufgenommen und das Insolvenzgericht prüft die Voraussetzungen eines Regelinsolvenzverfahrens wie etwa die hinreichende Masse oder die Stundung der Verfahrenskosten nach § 4a ff. InsO. Wird das Insolvenzverfahren eröffnet, so entfallen etwa die Vorschriften über Berichtstermin,

---

[16] Vgl. Fruhner 2002, S. 13
[17] Vgl. Landfermann etc. 2003, S. 1004

Insolvenzplan und Eigenverwaltung[18]. Die Aufgaben des Insolvenzverwalters werden von einem Treuhänder wahrgenommen, wobei dieser nicht die Aufgaben der Anfechtung und der Verwertung von Sicherungsgütern wahrnimmt – dies obliegt den Gläubigern. Die Verwertung des Schuldnervermögens kann durch eine vereinbarte Zahlung an den Treuhänder entfallen (§ 314 Absatz 1 und 2 InsO).

2.4.2. Kosten

Das Verbraucherinsolvenzverfahren ist deutlich kostengünstiger als das Regelinsolvenzverfahren, die Kosten für das Eröffnungsverfahren betragen 50% der Gerichtsgebühr lt. Anlage 1 zum GKG, Nr. 5110, wobei für die Durchführung des Insolvenzverfahrens 2 ½ Gebührensätze gemäß Anlage 1 zum GKG, Nr. 5112 fällig werden – dies gilt allerdings ohnehin nur dann, wenn der Schuldenbereinigungsplan gescheitert ist Insgesamt richten sich die Gebühren nach dem Wert der Insolvenzmasse.

Nach § 4a InsO können jedoch die Verfahrenskosten sowie die Kosten des Schuldenbereinigungs- und des Restschuldbefreiungsverfahrens bis zur Erteilung der Restschuldbefreiung gestundet werden[19]. Hierzu genügt die Feststellung, dass das Vermögen des Schuldners nicht ausreicht, um die Verfahrenskosten zu decken. Bei einer Stundung wird weder der Antrag des Schuldners mangels Masse (§ 26 Absatz 1 Satz 2 InsO) abgelehnt noch das eröffnete Verfahren mangels Masse (§ 207 Absatz 1 Satz 2 InsO) eingestellt. Die Stundung umfasst die Kosten des § 54 InsO, im Wesentlichen sind dies die Gerichtsgebühren, die im vorläufigen Insolvenzverfahren und im Schuldenbereinigungsverfahren entstandenen Auslagen sowie die Vergütungsansprüche des Treuhänders, welcher unter den Begriff des Insolvenzverwalters sub-

---

[18] Vgl. Bork 2002, S. 200
[19] Anm.: Das Modell der Stundung als Kompromissmodell zwischen staatlicher Hilfe und vollständig dem Schuldner überlassener Finanzierung geht auf einen Vorschlag einer Bund-Länder-Arbeitsgruppe im Rahmen der Entwicklung des InsOÄndG zurück (vgl. Vallender 2001, S. 562).

summierbar ist[20]. Die Mindestvergütung des Treuhänders muss der Schuldner sogar eventuell aus nichtpfändbarem Vermögen bestreiten[21].

Grund für die Stundung ist auch hier wieder das Verfahrensziel aus § 1 Absatz 1 Satz 2 InsO: die Sanierung des redlichen Schuldners. Da jedoch ein Verfahren bei mangelnder Masse nicht eingeleitet würde, es aber Voraussetzung des Verbraucherinsolvenzverfahrens ist, dass zumindest das Verfahren eröffnet worden ist, würde mittellosen Schuldnern die Möglichkeit der Verbraucherinsolvenz versagt bleiben[22].

An dieser Stelle bestand nach Meinung Preuß' vor der Einfügung der Stundungsregelungen noch Regelungsbedarf hinsichtlich der Frage, ob massearmen Schuldnern Prozesskostenhilfe gewährt werden sollte[23]. Diese Frage konnten auch die Gerichte nicht einheitlich klären. Zum einen gab es die Meinung, dass das Verfahrensziel der Sanierung redlicher Schuldner eine Prozesskostenhilfe impliziere, schließlich können die Verfahrenskosten ebenso wie sonstige Schulden unter die „restlichen Verbindlichkeiten" des § 1 Absatz 1 Satz 2 InsO summiert werden, obwohl sie nur im Zuge einer Vermögensverwertung entstehen.

Diesem stand die Überlegung gegenüber, dass der Ausschluss staatlicher Insolvenzkostenhilfen aus rechtspolitischen Gründen zur Entlastung des Haushaltes geplant war. Für diese Meinung spricht der Ausschluss von §§ 114 ff. ZPO mit dem Modell der Stundung nach § 4a bis 4d InsO[24]. Hierzu hat der BGH mit Beschluss vom 16.03.2000 ebendies festgestellt, nämlich dass Prozess- bzw. Verfahrenskostenhilfe nicht zu gewähren sei, „weil der Gesetzgeber von einer Bereitstellung der zur Verfahrensdurchführung notwendigen Kosten aus öffentlichen Mitteln für das Verbraucherinsolvenzverfahren abgesehen"[25] hat.

Dieses Urteil war gleichzeitig der Anlass für den Gesetzgeber, die §§ 4a bis 4d InsO einzufügen, da zum einen auch mittellose Schuldner Zugang zum Verbraucherinsol-

---

[20] Vgl. Vallender 2001, S. 562
[21] Vgl. Landfermann etc. 2003, S. 1008
[22] Vgl. Preuß 2003, S. 37
[23] Vgl. dies., S. 37 f.
[24] Vgl. dies., S. 38
[25] BGHZ 144, 78, 85 f., zitiert nach: Fruhner 2002, S. 12

venzverfahren bekommen sollten, die zuständige Bund-Länder-Arbeitsgruppe der Justizminister sich aber gegen eine Anwendung der Vorschriften über die Prozesskostenhilfe ausgesprochen hatte[26]. Insofern ist die Diskussion um die Gewährung von Prozesskostenhilfe zum jetzigen Zeitpunkt wohl relativierbar, da der Gesetzgeber mit der Stundung ein Modell positiviert hat, welches zumindest Aspekte der eingangs erwähnten Privatautonomie und zivilrechtlichen Vermögenshaftung aufrechterhält und massearmen Schuldnern dennoch nicht einen wirtschaftlichen Neuanfang verwehrt. Darüber hinaus kann auch von massearmen Schuldnern nicht erwartet werden, dass sich der Staatshaushalt an diesem Neuanfang finanziell beteiligt[27]. Einen weiteren Vorteil der Stundungsregelung sieht der Gesetzgeber in der „Signalwirkung" dem Schuldner gegenüber, denn so werde ihm gezeigt dass eine Restschuldbefreiung nur „aufgrund erheblicher eigener Anstrengungen zu erlangen sei"[28].

2.5. *Sonderfall: Der Nullplan*

Erstellt der Schuldner einen Plan, der keine oder so gut wie keine Leistungen an die Gläubiger vorsieht (der „*Nullplan*"), so obliegt der Umgang damit im Wesentlichen der Gläubigerautonomie nach §§ 308 und 309 Absatz 1 Satz 1 InsO und den Gerichten. Der Gesetzgeber hat jedenfalls Nullpläne weder ausgeschlossen noch ausdrücklich für zulässig erklärt.

Auf den zweiten Blick kann allerdings auch ein Nullplan für die Gläubiger attraktiv sein, vor allem dann, wenn „er ihnen die Aussicht belässt, an dem Erwerb des

---

[26] Vgl. Kirchhof 2003, S. 109, Anm.: Eine weitergehende Diskussion über die Vor- und Nachteile der Stundung kann an dieser Stelle aus Platzgründen kaum erfolgen, weitergehend vgl. v.a. Kirchhof 2003, S. 109 ff.

[27] Anm.: Von der Frage der Prozesskostenhilfe ist die der Beratungshilfe abzutrennen. Für die vorgerichtliche Beratung kann der Schuldner ohne weiteres Beratungshilfe beantragen (vgl. etwa Wienberg etc. 2001, S. 200). An dieser Stelle findet sich die Diskussion, wie sie über die Prozesskostenhilfe geführt wurde seltsamerweise nicht wieder, obwohl die finanzielle Belastung des Staates auch hier naturgemäß eine Rolle spielt.

[28] Kirchhof 2003, S. 109

Schuldners in der Wohlverhaltensperiode teilzuhaben (flexibler Nullplan)"[29]. Seit-
dem sich allerdings die Auffassung durchgesetzt hat, dass Nullpläne zulässig sind,
beklagen Richter eine starke Zunahme von Verfahren „ohne Aussicht auf Gläubiger-
befriedigung („Null-Masse-Verfahren")"[30].

Um eine Erwerbstätigkeit während der Wohlverhaltensperiode attraktiver zu gestal-
ten , sollen die Pfändungsfreigrenzen von verheirateten Schuldnern mit Kindern er-
höht werden, daneben ist der Schuldner verpflichtet, seiner „Erwerbsobliegenheit"[31]
nachzukommen, welche sich im Zweifel auf sein ernsthaftes Bemühen um eine Erwerbstätigkeit nach § 295 Absatz 1 Nr. 1 InsO beschränkt. Hier ist zu beachten, dass
„eine Erfolgsgarantie [ihn nicht] trifft und auch nicht treffen [kann], weil sich der
Erfolg seiner Bemühungen in aller Regel seinem Einfluss entziehen wird"[32].

III. _Restschuldbefreiung_

Diese Möglichkeit steht nach § 286 InsO nicht nur den Adressaten der Verbraucherinsolvenz, sondern auch allen anderen natürlichen Personen offen, die Beschränkun-
gen des § 304 entfallen daher.

Hier kommt also das Verfahrensziel des § 1 Absatz 1 Satz 2 InsO zum Tragen: _Die
Sanierung des redlichen Schuldners._ Die Verwirklichung des Ziels ist jedoch keinesfalls
unumstritten, schließlich bedeutet die Restschuldbefreiung einen massiven Eingriff
in bestehende Rechte der Gläubiger, allem voran Artikel 14 GG (zu beachten ist jedoch auch Artikel 103 Absatz 1 GG). Das Bundesverfassungsgericht hat dennoch u.a.
mit Beschluss vom 03.02.2003 die Restschuldbefreiung für verfassungskonform er-

---

[29] Fruhner 2002, S. 13
[30] Landfermann etc. 2003, S. 1005
[31] Fruhner 2002, S. 13
[32] Ders., S. 13

12

klärt[33], der Gläubigerschutz werde durch die Regelungen nicht in unzumutbarer Weise berührt. Bezüglich eines eventuellen Eigentumseingriffes i.s.d. Artikel 14 GG argumentiert das Bundesverfassungsgericht, dass der Gesetzgeber bei der „Ausgestaltung von Eigentumsrechten und den zugehörigen Verfahrensrechten"[34] zwar sehr wohl das Prinzip der Verhältnismäßigkeit zu beachten habe, es aber dennoch keine expliziten (verfassungsrechtlichen) Regelungen gäbe, die eine spezielle Austarierung von Schuldner- und Gläubigerschutz in zivilrechtlichen Eigentumssachverhalten vorschreiben. Die Realisierung sei demnach innerhalb der Verhältnismäßigkeit dem Gesetzgeber überlassen[35].

3.1. *Rechtspolitische Überlegungen*

Auch der Konzeption der Restschuldbefreiung waren zahlreiche rechtspolitische Überlegungen vorgeschaltet. Das alte Recht sah in Form des § 18 Absatz 2 GesO unter gewissen Voraussetzungen Vollstreckungsschutz für den Schuldner vor[36], enthielt jedoch keine „verfahrensrechtlich instrumentalisierte Möglichkeit, eine förmliche Aufhebung der Nachhaftung zu erreichen"[37] – das explizit in den §§ 286 ff. InsO positivierte Verfahren der Restschuldbefreiung ist also ebenso wie das Verbraucherinsolvenzverfahren erst mit der Entwicklung der Insolvenzordnung entstanden, wobei lange Zeit die Meinung überwog, dass der Grundsatz des freien Nachforderungsrechts nach § 164 Absatz 1 KO interessengerecht und somit im Kern beizubehalten sei[38].

---

[33] Vgl. BVerfG, 1 BvL 11/02 vom 3.2.2003, aber auch BVerfG, 1 BvL 8/03 vom 14.1.2004
[34] BVerfG, 1 BvL 8/03 vom 14.1.2004, Absatz 15
[35] Anm.: Diese Entscheidung ist dennoch nicht unumstritten. So hat das AG München bereits zweimal die Vorschriften zur Restschuldbefreiung dem BVerfG als Normenkontrollverfahren vorgelegt, und auch der BGH hat schon eine Rechtsbeschwerde des Landes Hessen zurückweisen müssen (vgl. Sternal 2005, S. 132 f.).
[36] Anm.: Auch wenn diese Möglichkeit lediglich in seltenen Ausnahmefällen zum Tragen kam und somit „vernachlässigbar gering [war]" (Gottwald 2001, S. 929).
[37] Preuß 2003, S. 215
[38] Vgl. Gottwald 2001, S. 929

Die Gründe für die Änderungen resultierten aus den immer stärker werdenden Kritiken an der Regelungsstruktur der KO, so wurde die unbeschränkte Nachforderung als „moderner Schuldturm" bezeichnet[39] und eine Neuregelung gefordert. Die aufgenommene Schuldenbefreiungsmöglichkeit trägt nun auch dem Nebenziel des § 1 InsO Rechung, dem Schuldner einen wirtschaftlichen Neuanfang zu ermöglichen und soll daneben auch einer Illegalisierung möglicher Schuldnereinnahmen entgegenwirken[40]. Hier trifft die Restschuldbefreiung wieder auf die im Rahmen des InsOÄndG eingefügten Regelungen der §§ 4a-4d InsO, denn die Restschuldbefreiung setzt ein eröffnetes und nicht mangels Masse eingestelltes Insolvenzverfahren voraus[41]. Der Hauptgrund für die Stundungsregelung ist somit wohl im Zugang zur Restschuldbefreiung und nicht lediglich im Zugang zu der Eröffnung eines Verbraucherinsolvenzverfahrens zu suchen.

3.2. _Ablauf des Verfahrens_

Die Entscheidung über die Gewährung einer Restschuldbefreiung setzt nach § 287 Absatz 1 Satz 1 InsO generell einen Schuldnerantrag voraus[42]. Mit dem Antrag auf Restschuldbefreiung hat sich der Schuldner nach § 287 Absatz 2 Satz 1 InsO damit einverstanden zu erklären, innerhalb der folgenden Wohlverhaltensphase alle pfändbaren Bezüge an einen Treuhänder anzutreten; dabei ist es unerheblich, ob tatsächlich Pfändbares vorhanden ist oder voraussichtlich vorhanden sein wird[43]. Nach

---

[39] Weitergehend vgl. Gottwald 2001, S. 930
[40] Anm.: Etwa mithilfe von Schwarzarbeit (vgl. Gottwald 2001, S. 930). Auch wenn diese Gefahr dennoch in der Wohlverhaltensphase naturgemäß weiterhin gegeben ist, v.a. da das Überwachungsverfahren in dieser Zeit durch den Treuhänder gem. § 292 Absatz 2 InsO aus Gläubigersicht nur unzureichend ist (Vgl. hierzu: BVerfG, 1 BvL 11/02 vom 3.2.2003, Absatz Nr. 5).
[41] Anm.: Auch wenn eine Restschuldbefreiung nach § 289 Absatz 3 auch bei einem eingestellten Verfahren möglich ist, jedoch träfen die Voraussetzungen nur schwerlich auf massearme oder gar masselose Verbraucherverfahren zu.
[42] Anm.: Durch das InsOÄndG wird der Antrag auf Restschuldbefreiung noch mit dem Antrag auf Eröffnung des Insolvenzverfahrens kombiniert, d.h. der Schuldner muss auch einen Antrag auf Eröffnung des Verfahrens stellen, ein Antrag nur auf Restschuldbefreiung reicht nicht aus (vgl. hierzu auch Wenzel 2001, S. 383). Der Grund hierfür ist in den vorgeschalteten gerichtlichen oder außergerichtlichen Schuldenbereinigungsverfahren zu suchen.
[43] Vgl. Preuß 2003, S. 219

Meinung Vallenders ist die Formulierung des § 287 Absatz 2 Satz 1 InsO aus rechts-dogmatischer Sicht nicht geglückt, weil der Schuldner nach der für eine Restschuld-befreiung notwendigen Eröffnung eines Insolvenzverfahrens ohnehin nicht mehr über seine pfändbaren Einkünfte verfügen kann, da die Verfügungsgewalt nach § 80 Absatz 1 Satz 1 InsO in jedem Fall auf den Insolvenzverwalter bzw. in diesem Falle den Treuhänder übergeht, für die Dauer des Insolvenzverfahrens muss die Abtre-tungserklärung somit als „suspendiert" betrachtet werden[44].

Nach Eingang des Antrages folgt ein dreistufiges Verfahren, in welchem das Insol-venzgericht zunächst über den Antrag entscheidet, zu beachten sind hier etwa die Versagensgründe des § 290 InsO, die jedoch nur von den Insolvenzgläubigern vorge-tragen werden können.

Liegt kein Versagensgrund vor[45], so ergeht ein Beschluss, welcher dem Schuldner die Restschuldbefreiung ankündigt. Selbige Entscheidung wird mit dem Beschluss über die Aufhebung oder Einstellung des Insolvenzverfahrens rechtskräftig – der Über-gang vom Insolvenzverfahren zur Wohlverhaltensphase erfolgt somit ohne Zwi-schenschritt.

In der folgenden Treuhand- oder Wohlverhaltensperiode muss der Schuldner wie bereits angesprochen alle pfändbaren Einkünfte an den Treuhänder[46] abtreten. Nach Ablauf der Wohlverhaltensphase wird dem Schuldner unabhängig von den tatsäch-lichen geleisteten Zahlungen die Restschuldbefreiung gewährt[47].

Weitere Details zu den einzelnen Verfahrensschritten sollen an dieser Stelle aus Gründen der anderweitigen Fokussierung nicht besprochen werden.

---

[44] Vgl. Vallender 2001, S. 566
[45] Anm.: ...und nach h.M. in Literatur und Rechtsprechung besteht Einigkeit, dass „der Katalog der Versagungsgründe in § 290 InsO abschließend ist" (Sternal 2005, S. 133), d.h. die Gläubiger können keine anderen Gründe geltend machen.
[46] Auf die Person und Rechtsstellung des Treuhänders soll an dieser Stelle nicht weiter eingegangen werden, vgl. hierzu etwa Sternal 2005, S. 136 f.

IV. Die Verbraucherinsolvenz in der Praxis

Einige Zahlen belegen die Bedeutung der Verbraucherinsolvenz in der Praxis und auch die Verteilung sowie den Charakter der Verfahren, wobei auch hier die Lage vor dem InsOÄndG und danach zu unterscheiden ist, da vor allem die neue Stundungsregel einen starken Einfluss auf die Verfahrenszahl hat.

So gingen vor 2001 68% der Anträge von Seiten der Gläubiger ein und nur 32% von der Schuldnerseite[48]. Dieses Verhältnis ist heute anders, so stieg die Zahl der Verbraucherinsolvenzen allein im Jahr 2003 im 70% und ein Vergleich der ersten Quartale 2003 und 2004 zeigt einen weiteren Anstieg von 7.679 auf 11.504, geschätzt wird, dass sich die Zahl bei etwa 50.000 pro Jahr einpendeln wird[49]. Somit ist die Belastung der Insolvenzgerichte seit der Einführung der Stundungsregelung stark angestiegen[50], was die Insolvenzrichter veranlasst hat, eine weitere Anpassung der Regelungen zu fordern[51].

Interessant auf Seiten der Gläubigeranträge ist, dass sie sich nur zu 4% gegen Personen, die in der Vergangenheit keine unternehmerische Tätigkeit ausgeübt haben, hingegen zu 77% gegen aktive Unternehmer und zu 19% gegen ehemalige Unternehmer richten[52]. Die Höhe der Schulden betrug im Durchschnitt 311.739, 97 Euro, wobei die Verbindlichkeiten weibliche Schuldner trotz des schlechteren Durchschnittseinkommens und der damit verbundenen schlechteren wirtschaftlichen Situation fast 30% unter denen der männlichen Schuldner liegt.

---

[47] Ges. vgl. Preuß 2003, S. 217
[48] Diese sowie die folgenden Daten vgl. Graeber 2001, S. 1040 ff. Anm.: Untersucht wurden insgesamt 826 Verbraucherinsolvenzverfahren des Insolvenzgerichts Potsdam in den Jahren 1999 und 2000, also vor der Verabschiedung des InsOÄndG.
[49] Für die Daten ab 2003 vgl. http://www.seghorn.de/html/Segho_Ink_Presse_04.08.html
[50] Vgl. Sternal 2005, S. 130
[51] Vgl. Landfermann etc. 2003, S. 1005, Anm.: Der Entwurf eines InsOÄndG 2005 versucht bereits jetzt, den Aufwand vor allem bei masselosen Verfahren für die Gerichte zu reduzieren (vgl. Sternal 2005, S. 138).
[52] Anm.: Die ehemaligen Unternehmer hatten dabei durchschnittlich 23 Monate vor dem Antrag ihre Tätigkeit eingestellt.

Angesichts der hohen Schuldensumme stellt Graeber fest, dass die meisten Schuldner wohl nicht in der Lage sein werden, „die Schuldenbelastung in einem absehbaren Zeitraum zu tilgen"[53]. Daher liegt das durchschnittliche Schuldenbereinigungsangebot lediglich bei 11% der Gesamtsumme, wobei in 33% der Fälle ein Nullplan angeboten wurde.

V. *Abschlussbemerkungen*

Bei einer Gesamtbetrachtung der Verbraucherinsolvenz und der Restschuldbefreiung fällt auf, dass die Insolvenzordnung in ihrer ursprünglichen Form wesentliche Verfahrenslücken offenbarte, dies zeigt die kontroverse Diskussion über die Gewährung von Prozesskostenhilfe nur allzu deutlich. Dennoch konnte das InsOÄndG nicht alle strittigen Punkte optimal lösen, auch wenn nach Meinung Sternals „einige wesentliche Streitfragen geklärt sind"[54].

So ist auch durch die Entscheidungen des Bundesverfassungsgerichts die Frage der Verfassungskonformität der Restschuldbefreiung nicht abschließend beantwortet worden, da das Verfahren im Grunde einer Enteignung der Gläubiger gleichkommt. Zwar wird dadurch, wie Fruhner feststellt, eine stetige Massenverschuldung verhindert[55], auf der anderen Seite verliert eine Verschuldung seitens der Verbraucher jeden Schrecken, und die Möglichkeit der Schuldenbefreiung macht manche Art des „vernünftigen Wirtschaftens" überflüssig. Es liegt nun wieder an den potenziellen Gläubigern, diesem Problem durch verstärkte Überprüfungen etwa der Kreditwürdigkeit der Verbraucher zu begegnen.

Zum anderen wird der Insolvenzantrag für Gläubiger attraktiver, da nur der Schuldnerantrag Zugang zur Restschuldbefreiung verheißt. Der Schuldenbereinigungsplan,

---

[53] Graeber 2001, S. 1042
[54] Sternal 2005, S. 137
[55] Vgl. Fruhner 2002, S. 14

der den Zweck der Gerichtsentlastung verfolgt, wird allerdings im Falle eines Nullplans keinerlei Anreiz für die Gläubiger haben. Da der Nullplan jedoch in der Praxis eine nicht zu unterschätzende Bedeutung hat, werden in diesen Fällen wohl regelmäßig die Gläubiger ablehnen und auf das gerichtliche Verfahren setzen. Für diese Fälle sind also weitere vereinfachende Vorschriften unerlässlich.

Ein weiterer Aspekt ist die Stundungsregelung der §§ 4a bis 4d InsO. Zwar stellt Vallender fest, dass der Zugang zu einem wirtschaftlichen Neubeginn auch mittellosen Schuldnern ermöglicht, wenn auch nicht leicht gemacht wird[56], in der Praxis hat die Regelung allerdings zu einem so starken Anstieg von Verbraucherinsolvenzverfahren geführt, dass die Gerichte über eine zu hohe Belastung klagen.

Einen radikalen Gedanken äußert daher Fruhner. So könnten die im Rahmen des Schuldrechtsmodernisierungsgesetzes drastisch verkürzten Verjährungsfristen Anwendung finden, wonach der Schuldner nach einer gewissen Zeitspanne automatisch die Restschuldbefreiung erlänge. Besonders interessant an diesem Vorschlag ist die Tatsache, dass dadurch der Rechtsapparat völlig unbeeinflusst bleiben und der Staatshaushalt deutlich entlastet würde[57]. Die Realisierung dieser Idee ist zwar verfassungsrechtlich weitaus bedenklicher als die jetzige Form der Restschuldbefreiung, würde aber wohl innerhalb kürzester Zeit das anfangs angesprochene Problem der „aggressiven Kreditandienung"[58] lösen. Dennoch darf nicht vergessen werden, dass wohl längst nicht alle Überschuldungen diesem Phänomen zu verdanken sind, und am Ende sollte das zivilrechtliche Prinzip der Privatautonomie weiterhin grundsätzlich in beide Richtungen gelten: Vertragsfreiheit auf der einen, aber eben auch die persönliche Haftung für eigene Verbindlichkeiten in einem verträglichen Rahmen auf der anderen Seite.

Der Vorschlag von Gottwald scheint daher wesentlich praxisnäher zu sein, er plädiert für Mindestquoten im Schuldenbereinigungsplan und der Wohlverhaltensperi-

---

[56] Vallender 2001, S. 568
[57] Vgl. Fruhner 2002, S. 14
[58] Fruhner 2002, S. 11

ode nach österreichischem Vorbild[59]. Die Einführung solcher Quoten würde nicht nur die Gerichte entscheidend entlasten, sondern auch die Kontroverse über die Eingriffe in die grundrechtlich geschützten Eigentumsrechte der Gläubiger durch eine Verbraucherinsolvenz relativieren und en passant die Frage nach der Zulässigkeit von Nullplänen beantworten. Die Prüfung der Quoten könnte ohne weiteres durch die ohnehin schon obligatorischen Schuldnerberatungsstellen erfolgen, bei einer Nichterreichung würde der Antrag abgewiesen und das Verfahren eingestellt. Von dieser Regelungsmöglichkeit hat der Gesetzgeber bis dato leider bewusst abgesehen[60], obwohl damit auch eines der Ziele, nämlich die Entlastung der Gerichte durch das vorgeschaltete außergerichtliche Schuldenbereinigungsverfahren, entscheidend geschwächt wurde.

Insgesamt gesehen ist unter Berücksichtigung der rechts- und sozialpolitischen Vorüberlegungen die Möglichkeit der Verbraucherinsolvenz durchaus zu begrüßen, die Restschuldbefreiung bedarf jedoch noch weiterer Ausdifferenzierungen, um den Bedürfnissen und Einzelrechten der beteiligten Parteien gerecht werden zu können.

---

[59] Vgl. Gottwald 2001, S. 997, Anm.: Eine sozial gerechte Angleichung etwa durch gestaffelte Quoten wäre dabei durchaus möglich.
[60] Vgl. Punkt 2.5., S. 14 und auch Haarmeyer etc. 2001, S. 1079

VI. Quellenangaben

Bork, Reinhard: *Einführung in das neue Insolvenzrecht*, Mohr Siebeck Verlag, 3. Auflage Tübingen 2002

Bundesverfassungsgericht vom 14.01.2004, 1 BvL 8/03 vom 14.01.2004, aus:

http://www.bverfg.de/entscheidungen/lk20040114_1bvl000803.html (Stand: 20.05.2005)

Bundesverfassungsgericht vom 03.02.2003, 1 BvL 11/02 vom 3.2.2003, aus:

http://www.bverfg.de/entscheidungen/lk20030203_1bvl001102.html (Stand: 20.05.2005)

Eickmann, XXXX; Flessner, XXX; Irschlinger, XXX; Kirchhof, XXX; Kreft, XXX; Landfermann, XXX; Marotzke, XXX und Stephan, XXX: *Insolvenzordnung*, C.F. Müller Verlag, 3. Auflage Heidelberg 2003

Fruhner, Frank-Michael: *Die Novelle zum Verbraucherinsolvenzverfahren*, in: Neue Justiz 2002, S. 11-14

Fuchs, Karlhans: *Die Abgrenzung des Verbraucherinsolvenzverfahrens vom Regelinsolvenzverfahren (Kommentar des Urteils 2 W 64/00 des OLG Celle vom 22.08.2000)*, in: EwiR 2001, S. 239-240

Graeber, Thorsten: *Die Praxis der Insolvenzverfahren natürlicher Personen*, in: ZinsO 2001, S. 1040-1044

Gottwald, Peter (Hrsg.): *Insolvenzrechtshandbuch*, C.H. Beck Verlag, 2. Auflage München 2001

Haarmeyer, Hans; Wutzke, Wolfgang und Förster, Karsten: *Handbuch zur Insolvenzordnung InsO/EGInsO*, C.H. Beck Verlag, 3. Auflage München 2001

Hess, Harald; Weis, Michael und Wienberg, Rüdiger: *Kommentar zur Insolvenzordnung mit EGInsO*, C.F. Müller Verlag, 2. Auflage Heidelberg 2001

Kirchhof, Hans-Peter: *Münchener Kommentar zur Insolvenzordnung*, Band 1, C.H. Beck Verlag, München 2003

Nerlich, Jörg und Römermann, Volker: *Insolvenzordnung – Kommentar*, C.H. Beck Verlag, München ab 1999

Preuß, Nicola: *Verbraucherinsolvenzverfahren und Restschuldbefreiung*, Erich Schmidt Verlag, 2. Auflage Berlin 2003

Sternal, Werner: *Die Rechtsprechung zum Verbraucherinsolvenz- und Restschuldbefreiungsverfahren im Jahr 2004*, in: NZI 2005, S. 129-138

Vallender, Heinz: *Die bevorstehenden Änderungen des Verbraucherinsolvenz- und Restschuldbefreiungsverfahrens auf Grund des InsOÄndG 2001 und ihre Auswirkungen auf die Praxis*, in: NZI 2001, S. 561-568

Wenzel, Frank: *Der Antrag des Schuldners auf Restschuldbefreiung (Kommentar des Urteils 2 T 60/00 des LG Rostock vom 20.02.2001)*, in: EwiR 2001, S. 383-384

Daten zu den Privatinsolvenzen der Jahre 2003 und 2004:

http://www.seghorn.de/html/Segho_Ink_Presse_04.08.html (Stand: 21.05.2005)